Segreti per gli influ

Hack di crescita per Tik Tok

Tabella dei contenuti

Guida completa per guadagnare follower e monetizzare Tik Tok

Uno dei social network con il maggior impatto oggi è Tik Tok, dal 2019 la sua popolarità non ha smesso di crescere, superando anche ogni tipo di aspettativa, questa piattaforma è costituita da un target giovanile dedicato agli adolescenti, dato che l'80% degli utenti ha tra i 13 e i 25 anni.

La portata di questo social network ha fatto sì che diventasse l'obiettivo di molti influencer, per questo motivo se state cercando di costruire una grande presenza e ottenere seguaci, è necessario conoscere in profondità tutto ciò che c'è dietro questo social network in modo da poter intraprendere con stile.

Scopri ogni dettaglio di Tik Tok

La possibilità di crescita personale in Tik Tok è nelle tue mani, è un social network dedicato ai video che è diventato uno dei più scaricati, quindi al giorno d'oggi è un grande bisogno di ottenere maggiori conoscenze per esplorare tutte le possibilità quando si condividono contenuti originali.

L'uso di questo social network è disponibile sia per Android che per iOS, permettendo una vasta rete di utenti attivi, che possono godere e condividere 15 o 60 secondi massimo di video, la sua dinamica si basa su una fusione tra le storie di Instagram insieme a Snapchat.

Al centro di questo social network c'è un ampio catalogo di audio e musica con licenza gratuita affinché i video possano ricevere questo tipo di animazione, così come la possibilità di integrare il proprio audio e condividerlo affinché altri utenti possano utilizzarlo nei loro video.

Normalmente l'essenza di questo social network si basa sul doppiaggio e tutti i tipi di scene, non c'è limite per commemorare la scena che vuoi con i vantaggi di questa applicazione, tutto grazie alle funzioni che sorgono attraverso l'intelligenza artificiale, per iniziare a godere i modi di registrazione.

Ci sono due modi per registrare in Tik Tok, il primo è dall'applicazione stessa, in modo che si può poi aprire la strada per integrare tutti i tipi di effetti, d'altra parte si può anche fare la registrazione da un'altra applicazione per caricare il video dalla propria galleria.

La creatività non è limitata grazie al gran numero di effetti che possono essere utilizzati sui video, come maschere, transizioni e suoni, oltre all'uso di hashtag, dove si guadagna visibilità in modo che il contenuto possa raggiungere più utenti, per questo è un mezzo dedicato all'intrattenimento.

Che tipo di video possono essere caricati su Tik Tok?

La base dei video di Tik Tok si basa sull'uso di filtri, effetti e altri strumenti che l'applicazione stessa fornisce, motivo per cui c'è una tale varietà di contenuti originali, ognuno può aggiungere il proprio tocco per registrare video e tra gli stili di registrazione più popolari ci sono i seguenti:

Riproduzione

La modalità di questo video è quella di eseguire l'interpretazione di un audio esistente all'interno di questa applicazione, dove la dinamica viene effettuata con una grande azione di gesticolare ogni aspetto che è legato all'audio, in modo che sembra che tu sia quello che canta, questo tipo di video ha una grande popolarità.

Duetto

Una caratteristica che Tik Tok fornisce ed è molto utilizzata è l'azione dei duetti, con un altro utente è possibile creare contenuti, tutto quello che dovete fare è selezionare il video dell'altro utente, per registrare il video reagendo a quello che avete scelto, in questo modo entrambi i video appariranno sullo schermo allo stesso tempo.

Slow-motion

Attraverso questo tipo di video si ottiene una grande alternativa molto conosciuta sugli adolescenti, l'effetto è quello di registrare in slow motion, questo è insieme all'audio che è ideale per quel tipo di registrazione, questa è un'opzione di registrazione un po' complessa, ecco perché Tik Tok li valorizza nella pagina raccomandata.

Interpretazione

Ci sono molti tipi di video di performance su Tik Tok, quelli che causano la migliore visibilità sul social network sono quelli comici, sia attraverso uno scherzo o una storia inventata, l'importante è che la narrazione possa essere fatta in modo esagerato affinché questo tipo di carisma possa coinvolgere gli altri.

Consigli / insegnamento

La comunità di Tik Tok è appassionata di apprendimento, quindi per elevarsi al di sopra della concorrenza questo è un modo ottimale per spiegare rapidamente su un argomento mantenendo il ruolo divertente, ideale per condividere ricette e anche per generare una recensione di un film preferito.

La popolarità di Tik Tok

L'attenzione che un social network come Tik Tok fornisce si basa sulla sua attenzione a tutto ciò che interessa, il suo funzionamento si estende interamente alla sezione dei preferiti, dando agli utenti il vantaggio di sbarazzarsi di contenuti sgradevoli.

I poteri di Tik Tok permettono di selezionare l'opzione "Non interessato" per molto tempo, inviando così un segnale diretto che non si vuole più imbattersi in questo tipo di contenuto.

Tuttavia, le opzioni non si fermano qui, perché è possibile nascondere alcuni tipi di contenuti, in modo che ciò che è al di fuori dei vostri interessi non possa essere disturbato, anche se c'è anche la considerazione che limitare e ottimizzare l'esperienza sul social network influenza le sequenze dei vostri video.

L'utilità di Tik Tok per il tuo content marketing

Tutte le pietre miliari che Tik Tok ha superato sono ragioni importanti per essere appassionati a tentare qualsiasi obiettivo pubblicitario sulla piattaforma, in quanto i gruppi e il pubblico è una brillante opportunità per postulare le vostre aspirazioni di crescita, perché sarete in grado di raggiungere tutti i tipi di clienti indipendentemente dal paese o dal business.

Non è solo una piattaforma di moda, è un mezzo di comunicazione di massa che è adatto a tutti i tipi di marche, quindi si può entrare in qualsiasi casa, gruppo sociale, non c'è limite, d'altra parte ci sono alcuni formati di annunci che funzionano come un grande aumento di interazione.

Ogni sforzo di social media marketing si adatta a Tik Tok, anche per il B2B, questo social network ha un enorme appeal, soprattutto se il vostro target è presente su Tik Tok, per interagire in modo reale e presentare il vostro argomento di settore in modo più creativo.

Integrare il video in qualsiasi reclamo commerciale è un must, soprattutto per il tuo business per diventare un mezzo influente, dove il prodotto o servizio può essere mostrato usandolo nella vita reale, questa è una grande opportunità per fare pubblicità con stile, costruendo una base di utenti con dinamiche e strumenti.

Tik Tok per il business e i suoi vantaggi

Il potere che Tik Tok ha generato rompe qualsiasi schema, rendendolo un obiettivo per molte aziende perché possono raggiungere quel gran numero di utenti che continuano a utilizzare l'applicazione più volte al giorno, con le sue metriche di utilizzo che diventano una metrica top rispetto ad altri social network.

La possibilità di umanizzare un'intenzione commerciale attraverso questo social network è una realtà, soprattutto per l'alto livello di coinvolgimento che si può ottenere grazie al contenuto creato, dato che la portata organica è del massimo livello per arrivare lontano indipendentemente dal piccolo numero di seguaci che si ha.

È molto facile generare un video virale con questa piattaforma, soprattutto dove le visualizzazioni e l'interazione sono garantite, oltre a intraprendere un nuovo account viene premiato dall'applicazione, è molto evidente il potere che nasce da questa piattaforma per un marchio di crescere.

La creazione di video dovrebbe essere divertente e questo aiuta a motivare chiaramente qualsiasi pretesa commerciale, oltre a trasmettere corsi e tutti i tipi di attività che generano grande interazione, questo tipo di presenza è un tono più amichevole per guadagnare attrattiva, oltre alla possibilità di integrare il content marketing.

Tik Tok PRO (analisi)

Il tipo di account PRO su Tik Tok è una modalità che pochissime persone conoscono, è un'offerta speciale per influencer, blogger e anche per le marche, grazie al fatto che fornisce informazioni dettagliate sulle statistiche che presenti all'interno dell'applicazione, in modo da poter misurare i tuoi progressi.

Utilizzando questo tipo di dati è possibile concentrarsi sul miglioramento e sulla comprensione della forza del tipo di contenuto che si condivide, questo tipo di intuizione è una grande opportunità per tracciare la crescita all'interno di questa piattaforma, diventa più facile raggiungere la popolarità che si desidera sapere come farlo.

Una volta impostato l'account, e aver definito un tipo di categoria, è possibile seguire da vicino l'analitica diretta sull'account, sia le visite che gli iscritti, il contenuto viene anche studiato vedendo i like, le visite e il pubblico, a questo si aggiunge la possibilità di fare pubblicità nell'applicazione.

Con questo tipo di informazioni dall'applicazione, è possibile eseguire un'analisi completa, in modo da non perdere il passo verso quell'account competitivo di cui avete tanto bisogno, è anche possibile sviluppare strategie pubblicitarie dedicate a questi dati, le statistiche vengono visualizzate per valutare le prestazioni in modo più chiaro.

Le dinamiche di popolarità si aggiungono come un altro pezzo di dati che puoi facilmente vedere, in questo modo puoi vedere l'impatto che il tuo contenuto sta avendo, e la comprensione che nasce per progettare un'immagine migliore per il pubblico di destinazione, è una migliore definizione di ciò che vuoi e ciò che stai cercando.

Una volta che hai un account PRO per usarlo al meglio puoi continuare a postare o condividere contenuti che sono ideali per il tuo marchio, cioè creare contenuti che forniscono notizie sul tuo settore o categoria, così come suggerimenti e consigli, dato che la comunità è molto attenta ad imparare.

D'altra parte, non si possono perdere di vista le storie da umanizzare, con l'empatia si possono rafforzare i legami con la comunità, il tipo di contenuto che si riceve meglio è breve, soprattutto se sono tutorial, per valorizzare il tempo e la semplicità, l'importante è essere compresi.

Una volta che riesci a suscitare curiosità per il tuo marchio, non c'è dubbio che avrai un grande seguito, e puoi offrire sfide costanti in modo che non lascino il tuo account, ricorda che questa è una piattaforma di intrattenimento quindi il valore che dovresti cercare è verso quell'area.

Sfide Tik Tok dedicate alle aziende

Dato l'alto numero di download che Tik Tok ha generato in un breve periodo di tempo, è un social network che invita un grande flusso di interazione su base giornaliera ed è quindi prezioso per un'azienda, anche se la questione di come migliorare l'esposizione di un marchio su Tik Tok è sicuramente sorta, il che significa affrontare una sfida chiara.

È possibile utilizzare le sfide di Tik Tok a proprio vantaggio per crescere all'interno dell'ambiente digitale, anche se è ancora un ambiente fertile e in produzione per quanto riguarda la pubblicità, ma ci sono molte opportunità per i marchi di raggiungere altre dimensioni fino a una campagna di alto livello.

Le sfide di Tik Tok sono plasmate dall'ampia cultura dei meme, in quanto si tratta di contenuti come risultato del social media marketing, quindi sempre più marche si uniscono a una tendenza utilizzando questa forma di espressione o contenuto, questa combinazione di testo e immagini ha un altro valore in Tik Tok.

I video meme diventano una dinamica migliore, per non perdere l'intrattenimento rispetto a qualsiasi messaggio commerciale, la sfida per un'azienda è quella di riunire i suoi obiettivi con testo, suono e movimento che agisce come una sorta di performance.

Questo è il modo per un progetto commerciale di essere protagonista all'interno di questo social network, quindi è un obbligo per una marca iniziare a investire impostando un piano pubblicitario su questo social media, in un'era digitale dominata dalla capacità speciale del contenuto che viene condiviso su internet è una grande opportunità da esplorare.

All'interno di Tik Tok un gran numero di alternative spuntano per lo scopo commerciale di ottenere la portata che desiderate, dove i suoni personalizzati possono essere utilizzati a vostro vantaggio per generare una grande impressione e raggiungere ciascuno degli utenti che concorrono su questa applicazione.

Per trovare l'impatto ideale all'interno di Tik Tok è d'obbligo prestare attenzione ad ogni misura organica per essere attenti a quelle spinte che si traducono in una grande quantità di follower e soprattutto di interazione, in questo modo il tuo video diventa un'opportunità per far crescere un business o qualsiasi altro obiettivo.

Ci sono tre modi per trovare la sfida più compatibile con il tuo marchio:

Cerca nella pagina Per te

Questa è un'esplorazione completa su For You per trovare un sacco di suggerimenti legati al contenuto che si può godere, questa sezione è molto variabile come si inizia a seguire gli account, è una zona simile alla pagina "Esplora" che ha Instagram, è importante prendersi cura di questo aspetto. È importante assicurarsi di seguire gli influencer che fanno parte di Tik Tok e che sono legati al tuo contenuto, in modo da poter identificare il tipo di contenuto che viene postato e può essere utilizzato come ispirazione, l'importante è avere il potere di ricreare nel tuo account il miglior taglio per l'intento commerciale.

Tieni d'occhio i suoni di tendenza

Questo è un modo ideale per ispirarsi nell'azione di trovare sfide di tendenza, perché la selezione di suoni che appartengono a Tik Tok in quanto sono un riflesso dell'argomento che ha più potere online, toccando o premendo su un suono è possibile vedere i video che sono nati sulla base di questi suoni.

Prestando piena attenzione ai suoni più utili, insieme ai movimenti che vanno nella creazione del video, è possibile ottenere un maggiore incentivo per l'ispirazione in ogni modo, questi trucchi sono un ottimo inizio in modo che il montaggio possa seguire il corso commerciale previsto.

Capire le compilation di Tik Tok su YouTube

Su YouTube troverete un sacco di star che trasmettono agli utenti un sacco di sfide strane e nuove che potete mettere in atto, in questo modo non perdete di vista i concetti recenti, per questo alcune buone compilation di Tik Tok servono come grande ispirazione per voi.

Quando si cercano contenuti reali, è importante eseguire ricerche avanzate, questo aiuta anche a risparmiare tempo e quando si hanno idee più chiare che si riferiscono al proprio marchio, si dovrà solo cercare quello più adatto e farsi consigliare.

Impara come lanciare una campagna di sfida Tik Tok

Quando si ha l'idea o il desiderio di creare una campagna di sfida in Tik Tok, la cosa più cruciale è il contesto, la facilità e la diversità dei memi per creare un video di qualità, poiché ci sono molti aspetti per trovare la giusta inclinazione come gli effetti e anche la possibilità di includere suoni reali.

La cosa principale è conoscere il tipo di scopo commerciale che si vuole promuovere, poi pensare a una musica che sia correlata o possa essere associata a quel settore, e poi fare una lista con lo sfondo e la migliore ricreazione per avere un effetto nostalgico sugli utenti e sul pubblico.

I passi da seguire affinché una campagna possa essere completamente consolidata in Tik Tok e che il vostro scopo commerciale sia autentico sono i seguenti:

Pianificare il tipo di campagna da intraprendere

È importante che tu possa pianificare una campagna di sfida che sia attaccata alla tua marca, che è l'obiettivo principale di tutta una dedizione, in questo modo il tuo mercato di destinazione viene a sapere che esisti come proposta commerciale, ma per questo il contributo di un gran numero di seguaci serve come una grande presentazione.

Per guidare le vendite in grande stile, si dovrebbe sempre pensare a come collegare il prodotto o il servizio all'interazione che Tik Tok postula, quindi la misura di definire l'obiettivo principale di qualsiasi campagna è un passo fondamentale ma forte, per questo si dovrebbe anche monitorare le tendenze online.

Per lavorare con Tik Tok si può contare sulla potenza di Google Analytics, in questo modo è possibile promuovere grandi contenuti e raggiungere un maggiore appeal di massa, a questo punto è quando l'esecuzione di una campagna di marketing di prima classe diventa più importante, questo è il focus che non può essere perso.

Visualizzare la formazione di una sfida come se fosse una competizione, questo è un metodo di partecipazione all'interno del mondo digitale che non può essere perso, questa cultura è una delle più importanti da imparare affinché le aspirazioni di costruire un marchio versatile e moderno non cadano nel vuoto.

Pianificare il contenuto della sfida Tik Tok

Tenendo conto dell'importanza di Tik Tok e degli obiettivi che si possono impostare per crescere attraverso questo social network, il passo successivo è quello di raccontare una storia che sia divertente, in modo che possa essere trasmessa nel video e generare quella lettera di presentazione dall'intento commerciale.

Per crescere rapidamente online è essenziale creare qualcosa di speciale, in questo modo l'attrazione non può essere persa per nessun motivo, ma non può essere troppo complicato da continuare a replicare online, altrimenti il pubblico target non può unirsi alla sfida e l'intenzione è che ogni seguace la trasmetta ai suoi seguaci.

Finché la sfida può spazzare l'interesse di tutti, genererà un grande flusso organico difficile da ignorare dai seguaci, che è il legame con le reti sociali che causerà il marchio può ottenere un livello molto importante, per questo motivo, finché è possibile analizzare il contenuto meglio destino acquisirà.

Scegliere un suono appropriato in Tik Tok

Il suono da utilizzare sulla sfida Tik Tok dovrebbe essere ben studiato e soprattutto è quello di optare per un suono originale, questo elemento è fondamentale per ogni video può essere rilasciato con l'importanza che merita, per la selezione dovrebbero essere selezionati film, e video virali per trovare frasi che riguardano il vostro settore.

Coreografare ogni passo per la sfida

Che sia con un supporto professionale o con la propria creatività, è importante definire il protagonista del video e il tipo di ricreazione da catturare, oltre a definire il livello di difficoltà, l'importante è non perdere la creatività, ma commuovere le persone in modo che il video possa raggiungere più persone.

Crea e condividi la sfida Tik Tok

Coprendo ognuno dei movimenti, dei suoni e del contesto della sfida, tutto è completamente pronto per la registrazione, è meglio prendere il tempo giusto per coprire ognuno di questi passi di conseguenza, l'importante è che sia un risultato finale perfetto che vale la pena.

È importante sentirsi soddisfatti della realizzazione del video, per questo è possibile scegliere le migliori risorse di editing, è un capolavoro in ogni modo, in modo che possa relazionarsi con altre persone e ogni angolo digitale, fare bozze e cercare consigli di marketing per attirare un vasto pubblico.

I fatti che devi sapere su Tik Tok

Nel mezzo dello sviluppo delle funzioni di Tik Tok, ci sono una varietà di dati che sono utili per voi per crescere all'interno di questa piattaforma come ogni utente vuole, in questo senso evidenziare i seguenti:

Nel suo paese d'origine (Cina), l'applicazione non ha il nome Tik Tok, ma è conosciuta come "Douyin", che significa "scuotere la musica" in mandarino.

L'app è stata lanciata nel 2016, e in tempo record nel 2019 ha superato la popolarità dei download rispetto a Facebook, YouTube, Instagram e Snapchat.

La maggior parte degli utenti di questa piattaforma sono adolescenti, quindi questa è una qualità del target, anche se c'è anche un 27% di persone tra i 30 e i 40 anni che può essere sfruttato.

In India, il download di questa applicazione è proibito e limitato a causa di problemi di sicurezza; è una restrizione culturale.

L'utente medio trascorre 52 minuti al giorno sull'applicazione, accedendo fino a 7 volte in quel periodo.

Il potenziale di crescita di Tik Tok è un'idea per tutti i tipi di strategie di marketing, specialmente con la portata del target desideroso.

Ogni giorno vengono visti fino a un milione di video su questo social network, quindi è un movimento costante.

Lo scopo all'interno di questa rete sociale cambia rispetto ad altre piattaforme, in quanto si tratta di un lavoro veloce e interattivo, perché è molto più contenuto dinamico.

Questo social network ha una postura globale poiché è disponibile in 155 paesi, quindi è progettato in 75 lingue, essendo una nicchia potenziale per realizzare qualsiasi strategia.

Il valore di questa rete sociale è stimato in oltre 75 miliardi di dollari.

Questa piattaforma ha modalità come un account "Pro", che ti permette di avere un contatto con un'analisi dei dati per cercare una maggiore efficacia all'interno di questa piattaforma e fornire il contenuto o la crescita a cui aspiri.

Come è composto il feed di Tik Tok

Gestire correttamente i contenuti su Tik Tok è rilevante per l'algoritmo, soprattutto perché un account deve avere un alto rendimento per ogni video per ottenere più visualizzazioni, e questo non riguarda solo il numero di follower come si potrebbe pensare, la chiave è personalizzare ogni sezione di contenuto.

Questo spesso porta enormi dubbi per le persone che sono nuove e non hanno ancora interagito con i contenuti, quindi quello che dovresti fare è selezionare categorie che sono di interesse, queste sono varie in modo che possano adattarsi ai tuoi obiettivi, possono essere animali domestici, o qualsiasi altro tipo di tema che hai in mente.

Le stesse informazioni che fornisci alla piattaforma sono il tuo miglior supporto per creare un feed iniziale di alto livello, lucidando questi aspetti e raccomandazioni che viene utilizzato come punto di partenza per guadagnare interazione sui primi video che pubblichi, purché siano frequenti e conformi alle azioni pubblicitarie.

Quando non si seleziona una categoria preferita, il social network stesso si occupa di fornire una fonte generale di video popolari, quindi d'ora in poi, quando si presenta un qualche tipo di interazione, questa diventa una base per il sistema che usa per determinare i vostri interessi e fare suggerimenti di contenuti.

L'interazione che puoi postare su questo social network all'inizio perché gli altri ti trovino è seguire gli account, visualizzare gli hashtag di tuo interesse, conoscere ognuno dei suoni e degli effetti, entrare nei trending topics basta dirigersi verso "Discover" perché l'esperienza utente generi un flusso di azione.

Eseguendo queste azioni sul feed, si attiva l'algoritmo di Tik Tok per lavorare a vostro favore, in modo che quando un utente cerca di trovare un video che non fa parte del loro target, viene semplicemente scartato in modo da poter impostare comodamente le vostre preferenze.

La vera chicca di Tik Tok riguarda anche la facilità di promuovere un intento commerciale o un altro tipo di sito digitale, e questo funziona anche nell'altro senso, quindi su Instagram puoi collegare il tuo account senza alcun problema, in più puoi anche ottenere un link web, rendendolo un'ottima offerta di funnel.

Puoi creare un video con un messaggio commerciale e sperare che diventi un tema virale, il tutto grazie al fatto che gli spettatori potranno visitare il tuo profilo e ottenere followers o qualsiasi altra azione che susciti interesse, ottenendo l'acquisto che speri, per questo è essenziale ottimizzare la biografia.

La chiamata all'azione del tuo contenuto, che arriva attraverso il profilo, può quindi puntare comodamente alla conversione desiderata, dove il look and feel e l'attività dell'account faranno parlare, questo è un passo essenziale prima di entrare negli altri dettagli di ogni post o trasmissione.

Nello stesso modo in cui si cura il proprio bios di Instagram o Twitter, nello stesso modo in cui si utilizza ogni scelta di Tik Tok per salire verso una maggiore preferenza degli utenti, questi tipi di elementi integrati diventano un importante eye-catcher che diventa irresistibile.

Il confronto tra Tik Tok e Instagram

La somiglianza dei contenuti e dell'interazione tra Tik Tok e Instagram solleva grandi domande su quale opzione di social network sia molto più fattibile in termini di svago e shopping, il punto di confronto sorge con le storie, ma in Tik Tok non scadono in 24 ore come con Instagram.

La vera somiglianza tra Tik Tok e YouTube è nella capacità di creare e pubblicare contenuti, anche se nel caso dell'algoritmo del secondo social network è un po' tardivo e il video potrebbe non generare l'effetto che ci si aspetta, tanto meno nel modo che si desidera.

La cosa importante è che i video non scompaiono, questo è un potere di continuare a cercare di guadagnare un po' più traffico, anche mesi dopo aver pubblicato il contenuto, dando una grande opportunità per le persone con pochi seguaci a salire per ottenere migliaia di visite anche.

Tik Tok è molto più di un'applicazione per fare video, è diventato un vero e proprio social network, dove sorge la possibilità di guadagnare denaro, quindi è una grande attrazione per molte aziende, e allo stesso tempo un ambiente di crescita per un influencer, allo stesso modo la presenza in questi media è importante.

Dopo che l'app ha ricevuto alcune minacce, è stato presentato il lancio di una funzione di Instagram simile a Tik Tok, ma il lato forte di questa app è ancora latente a causa del potere di creare e modificare video per fornire risultati veramente interattivi, soprattutto per essere contenuti brevi e carismatici.

Instagram, d'altra parte, è orientato esteticamente, poi è cresciuto con l'integrazione delle storie, fino a estendere le possibilità di azioni, fino a quando è stata presentata Instagram TV, dove il contenuto video raggiunge i 60 secondi, anche se accetta solo contenuti pre-registrati fino al lancio di bobine.

L'editing video che viene presentato su questa funzione è importante, è un concorso che cerca di prendere grande somiglianza con Tik Tok, in quanto è possibile creare video di 15 secondi, questi clip possono essere conformati per essere registrati o aggiunti dalla galleria, da questa creazione può essere fatto tutti i tipi di effetti, la sua funzione è molto facile. Tik Tok ha la funzione di condividere i tuoi video su Instagram, attraverso le bobine l'intero processo diventa molto più facile di quanto si pensi, in questo modo il contenuto può essere installato su Instagram per ottenere più attrazione, e anche aumentare il numero di seguaci, è un grande potere di avere entrambe le piattaforme.

Tik Tok cerca e trova trucchi

Una volta che si può associare completamente con le caratteristiche di Tik Tok ci sono opzioni molto più ampie per trovare e trasmettere il contenuto che si desidera all'interno di questa applicazione, le risposte di cui avete bisogno sono le seguenti:

Cerca e trova un video di Tik Tok

Un modo di base per trovare un video è guardare la schermata iniziale, poi si può andare ai passi successivi:

1. Accedi a Home tramite la barra dei menu.
2. Poi quando tocchi il menu puoi vedere i video di tutti gli account che stai seguendo in alto.
3. Una volta che hai esposto i video, devi solo riprodurre quelli che fanno parte della tendenza o le raccomandazioni che sono di tua preferenza.

Un altro modo per accedere è attraverso Discover, questo viene fatto attraverso i seguenti passi:

1. La cosa principale da fare è andare su Discover attraverso la barra dei menu.

2. Puoi selezionare il video che appare sopra i caroselli di hashtag che fanno parte della tendenza e in alto puoi cercarli.

Il terzo modo per trovare un video, è quello di andare a quelli che sono stati segnati come preferiti o quelli che ti sono piaciuti, per mezzo di queste azioni:

1. Entrare in "Mio" attraverso la barra dei menu.

2. Clicca sull'icona del segnalibro per guardare i video che hai messo nei segnalibri o salvarli come opzione di visualizzazione per dopo.

3. Puoi anche rientrare nei video che ti sono piaciuti andando nella sezione con l'icona di un cuore.

Quando si trova il video, si può avere la libertà di eseguire l'interazione che si desidera, si può anche reagire per eseguire una sorta di duetto, o anche creare una foto dal vivo, dal momento che Tik Tok ha un sacco di alternative, ma oltre alle sue preziose opzioni è possibile trovare video attraverso il suono o utilizzando gli hashtag di vostro interesse.

Cerca e trova video per suono su Tik Tok

Se volete visualizzare o essere ispirati da video che utilizzano un clip audio specifico, potete eseguire questo tipo di ricerca filtrando il suono come priorità, che diventa una realtà dopo il seguente passo-passo:

1. Cerca e seleziona il video che ti interessa con un suono particolare.

2. Clicca sul link dell'audio in fondo al video.

3. Una volta dalla pagina del suono che appare, puoi aggiungere il suono ai tuoi preferiti, condividerlo, e anche trovare l'uso originale se disponibile, per iniziare a registrare un video usando quel suono, se lo desideri.

Un'altra alternativa a questo è che puoi trovare i suoni cercando sullo schermo sotto "Discover".

Cerca e trova video per effetti su Tik Tok

Per vedere molti altri video che usano questo effetto, basta seguire questi passi:

1. Trova un video che abbia l'effetto che ti interessa.

2. Clicca sull'effetto che appare con una bacchetta sopra il creatore del video.

3. L'azione di cui sopra ti porta alla pagina dell'effetto che stai cercando, quindi puoi aggiungere questa opzione ai tuoi preferiti, in questo modo puoi condividerla come vuoi, e anche iniziare a registrare usandola.

D'altra parte, puoi anche trovare gli effetti cercando nella schermata sotto l'opzione "Scopri".

Cerca e trova video per hashtag su Tik Tok

Se vuoi vedere più video taggati con gli hashtag, segui queste linee guida:

1. Cerca un video che ha un hashtag che ti interessa.

2. Clicca sull'hashtag sopra il titolo in fondo al video, dove viene identificato il creatore del video.

3. Quando sei nella pagina degli hashtag che appare dopo averci cliccato sopra, puoi aggiungere quello che pensi sia ideale per i tuoi scopi, poi puoi condividere e trovare altri tipi di video che usano questi tipi di tag, e anche registrare un nuovo video da taggare come vuoi tu.

In alternativa, gli hashtag possono essere trovati abilitando la ricerca tramite "Discover", poiché si tratta di tendenze che emettono contenuti di interesse che si trovano sul suddetto Discover.

Cerca e trova un utente su Tik Tok

Un ottimo modo per trovare un utente è attraverso un video di Tik Tok che si sta guardando, per far partire i prossimi passi:

1. Una volta che il video mostra il creatore del contenuto sulla sinistra, il creatore del contenuto è sopra la bolla dove appare la sua foto del profilo.

2. Il passo successivo è quello di toccare la bolla per entrare nel profilo dell'utente.

3. In alternativa, una volta che continui a guardare i video puoi toccare l'identificatore di Tik Tok nell'angolo.

Un altro modo di accedere per esplorare i contenuti di un utente è attraverso Discover:

1. Entrare in Discover attraverso la barra dei menu.

2. In alto si può cercare l'utente.

Una volta che sei nel profilo di un utente di Tik Tok, puoi esplorare in profondità tutti i contenuti offerti, dove puoi trovare tutti i dati che fanno parte della credibilità dell'account, inoltre troverai molti link per andare alle loro reti sociali, a questo si aggiunge la variante di un profilo pubblico che mostra questi dati.

Consigli per far crescere il tuo marchio su Tik Tok

La cosa importante per un marchio per scalare alla grande su Tik Tok è seguire le istruzioni degli esperti qui sotto:

1. Crea il tuo canale e assicurati di creare il profilo più appropriato per il tipo di pubblico che stai cercando.

2. Ottieni un account PRO per avere accesso ai dati metrici.

3. Pubblicare video sul marchio per mostrare un'identità più umana.

4. Collabora con gli influencer per ottenere un alto impatto e raggiungere più persone con i tuoi contenuti.

5. È meglio avere un contenuto senza tempo.

6. Siate parte della tendenza attuale in modo che il contenuto sia adattato alla stessa in modo da poter diventare virale.

7. Per cominciare, la cosa più importante è pubblicare 3 o 5 video al giorno, ma mantenere la qualità prima di tutto.

8. Alternate la lunghezza dei video in modo che il contenuto possa essere vario.

9. Commenta i video degli altri utenti per raggiungere un pubblico più ampio.

10. Si prende cura di ogni dettaglio estetico per dare la migliore impressione possibile.

Controversie nel funzionamento di Tik Tok

Gli analisti dei social network hanno offerto alcune conclusioni su Tik Tok, sottolineando che si tratta di una piattaforma molto più speciale di quanto molti pensino, dato che è stata classificata come una delle piattaforme che ottiene più informazioni, e questo include anche i dati personali dei creatori. Per questo motivo, ci può essere un certo grado di preoccupazione nel rilevare questo tipo di vulnerabilità, ma la risposta di Tik Tok è stata quella di migliorare la sicurezza delle sue funzioni con un algoritmo progettato per questo scopo, dove hanno dimostrato un chiaro impegno a proteggere la privacy di ogni utente.

Anche se l'utente deve fare attenzione al tipo di informazioni che condivide, se ha dei dubbi, deve avere un approccio calmo ed essere consapevole dei seguenti punti:

Quali informazioni ha Tik Tok su di te, l'applicazione ha solo le informazioni che fornisci quando crei il tuo account.

Come Tik Tok utilizza le informazioni dei suoi dati personali, all'interno delle condizioni che stabiliscono che l'uso dei suoi dati è diretto al suo beneficio, per creare il suggerimento su quel contenuto che si adatta al suo interesse, a questo si aggiunge la pubblicità che è compatibile con il profilo.

I dati richiesti da questo social network sono la data di nascita, l'indirizzo e-mail, il numero di telefono, una descrizione per il profilo, una fotografia o anche un video personale, dati estratti da concorsi o sondaggi, e simili.

Una volta che l'utente associa Tik Tok ad altri social network come Facebook, Twitter, Instagram o Google, concede lo stesso permesso a Tik Tok di avere accesso alle informazioni trovate su queste piattaforme.

Il raggio d'azione di Disco ver Tik Tok si spinge fino ad arrivare alle informazioni dei siti web che avete visitato, questo include anche le applicazioni che avete scaricato o acquistato allo scopo di prendere in considerazione gli interessi.

La ricerca della rete sociale si estende sull'indirizzo IP, insieme alla cronologia di navigazione, che è unita ai fornitori di servizi mobili, questo corrisponde a un uso pubblicitario.

Anche i contatti telefonici e la lista degli amici di Facebook sono considerati in modo da poter fare degli inviti affinché possano visitare la piattaforma con facilità.

Ognuno dei dati menzionati viene utilizzato per adattare i servizi e l'assistenza alle vostre esigenze, o utilizzato per rispettare le loro condizioni, è un suggerimento per marcare gli interessi di ogni utente, è una connessione che cercano di stabilire per far sentire gli utenti importanti.

Anche se si dovrebbe tenere a mente che l'informazione è una protezione per il social network stesso, perché può esporre un segno di abuso e limitare ogni tipo di attività illegale, è un modo per garantire la sicurezza per entrambe le parti e il controllo rimane nelle mani degli utenti.

Restrizioni al contenuto di Tik Tok

L'algoritmo di Tik Tok dà la priorità alla questione della sicurezza visiva, quindi quando si sta cercando di guadagnare follower è importante non trascurare queste restrizioni, poiché il vostro contenuto può essere danneggiato da una svista come questa, in quanto la piattaforma traccia chiaramente il contenuto trasmesso sul feed.

Una grande varietà di video che hanno un impatto negativo sugli utenti non saranno mostrati, tanto meno quando si tratta di una procedura medica che espone qualche azione troppo grafica, tanto meno se l'argomento è illegale, senza lasciare da parte la lotta che si impone allo SPAM e ai video per aumentare il traffico.

La piattaforma Tik Tok si occupa di rimuovere i video che non rispettano questo tipo di misure, l'intenzione è soprattutto quella di emanare contenuti di qualità, altrimenti si innescano questi effetti negativi, e c'è anche un'opzione chiamata "modalità di sicurezza della famiglia".

L'azione di sicurezza familiare di cui sopra, progettata per i genitori che cercano di proteggere i minori da contenuti adatti ai loro figli, ha anche la funzione di limitare a chi possono e non possono scrivere, e anche il tempo dello schermo è regolato da questa opzione.

Come guadagnare soldi su Tik Tok?

La piattaforma Tik Tok è una grande opportunità per un influencer di trovare la popolarità ricercata su questo piano digitale e generare entrate, soprattutto perché l'impatto di una grande comunità è una motivazione sufficiente per i marchi a cercare questa opportunità per commercializzare e promuovere prodotti o servizi.

La generazione di denaro su questo social network sta diventando una realtà, soprattutto con l'enorme quantità di download disponibili nei negozi di applicazioni mobili, quindi tutti i tipi di progetti includono questo ambiente per sfruttare la sua visibilità, raggiungendo il punto di diventare una tendenza moderna.

In principio questo social network non è stato creato per questo scopo commerciale, ma allo stesso tempo con l'uso costante è diventato una piattaforma molto amichevole per la pubblicità, per questo motivo può essere considerato come una grande alternativa, dove la creazione di contenuti apre la porta per sponsorizzare un prodotto o un'offerta.

L'approccio utilizzato per generare reddito è simile a quello di YouTube, ma nel tempo sono stati implementati anche alcuni metodi per perseguire questo risultato di monetizzazione, in quanto si tratta di una piattaforma come qualsiasi altra con una preziosa possibilità di guadagnare con creatività e costanza.

Anche se oltre a conoscere le seguenti alternative per ottenere denaro, non si può dimenticare il dovere di creare valore, perché il contenuto stesso dovrebbe essere presentato come un motivo per rivisitare il tuo account che l'interesse è ciò che fa crescere una comunità, è possibile iniziare ad attuare queste azioni per crescere e monetizzare:

Trasmissione in diretta

L'opportunità fornita dalla trasmissione in diretta, induce gli spettatori a seguire da vicino il creatore di contenuti, perché al di là delle pubblicazioni è possibile iniziare a modellare quell'immagine come influencer, inoltre attraverso queste trasmissioni può motivare gli spettatori a dare monete virtuali chiamate "Coins".

In questo senso Tik Tok è simile a Twitch, questi vengono acquistati attraverso transazioni reali, in cambio di queste donazioni i creatori di contenuti possono ricambiare con un regalo o anche sostenere altri utenti, è una grande opportunità di empatia e ulteriore networking.

Tik Tok trasferisce l'80% del valore totale delle trasmissioni all'influencer, non una fortuna enorme, ma un incentivo che può servire come flusso di entrate da considerare, non fa male essere ispirati da questo tipo di riconoscimento o contributo.

Marchi sponsor

In Tik Tok, come in altre reti sociali, c'è un alto interesse da parte delle marche per promuovere un prodotto o un servizio, questo viene scelto dalla marca in base al tipo di contenuto che l'influencer trasmette, se ha a che fare con la loro marca, e anche quando riescono a dimostrare un chiaro interesse per il contenuto di valore e il numero di seguaci.

A questo si aggiunge l'effetto demografico, è un'azione comune all'interno del mondo digitale, non è nuovo ma dovrebbe essere preso in considerazione per quello che rappresenta, poiché fare soldi attraverso le reti sociali non è così impossibile come si potrebbe pensare.

Imparare a trasmettere in diretta su Tik Tok

Per molti utenti di Tik Tok, il live streaming è ancora un grande mistero, ma questa caratteristica è presente a causa della natura stessa di questa piattaforma dove il contenuto viene pubblicato in un formato breve, ma permette anche di creare una varietà di formati per coinvolgere il pubblico.

Le funzioni di registrazione includono la trasmissione in diretta, questa è molto poco utilizzata a causa della mancanza di conoscenza, ma è importante esplorare ogni fattore di questa alternativa in modo che possa essere dalla tua parte, in questo modo sarà molto più facile iniziare a generare una maggiore visibilità all'interno di questa rete sociale.

Una volta che hai un account Tik Tok puoi optare per questa trasmissione di contenuti in tempo reale, che aggiunge un'interfaccia importante che non genera alcun problema, ottenendo la possibilità di guadagnare soldi, se si mantiene vivo questo desiderio basta avere 1000 seguaci, essendo un fattore per le pubblicazioni.

D'altra parte, un requisito per trasmettere in diretta è quello di avere più di 16 anni. Una volta che queste due misure sono state soddisfatte, i seguenti passi sono necessari per pubblicare in diretta:

Installa l'applicazione Tik Tok, sia Play Store che App Store.

Lancia l'applicazione e poi accedi con le tue informazioni personali.

Una volta che siete sull'applicazione, cliccate sull'icona "+" in basso e poi potete andare sul pulsante "Live" accanto al pulsante "Record".

Puoi poi includere il tuo titolo preferito per il live stream, è importante essere creativi per attirare più seguaci.

Quando ci si occupa di aggiungere il titolo, è necessario aggiungere il pulsante "Broadcast live", in modo che la trasmissione possa iniziare immediatamente.

Una volta che questi passaggi sono stati completati, il Tik Tok live stream inizierà, e una volta che hai finito la tua sessione, basta cliccare su "End live", e puoi tornare alla schermata iniziale e iniziare il tuo tentativo di ricevere donazioni dai tuoi seguaci come detto sopra.

Per materializzare questo modo di ottenere denaro, basta conoscere e utilizzare questi passaggi, anche se il modo in cui funzionano le donazioni regolari è diverso, in quanto i sostenitori non possono inviare il denaro direttamente sul conto bancario, ma viene inviata una mancia attraverso le monete che sono state acquisite in contanti.

Avendo una quantità significativa di monete, queste possono essere convertite in diamanti, poi trasformati in denaro reale tramite PayPal, per il ritiro di Tik Tok è necessario un saldo di 100 dollari, questo può essere un processo lento, ma con un seguito intenso è una valida opzione da considerare.

Una volta che puoi mettere i tuoi talenti al lavoro su Tik Tok puoi usare ogni momento per generare denaro, questo social network è un mezzo ideale per mostrare tutti i tipi di abilità, più altre azioni che ti portano in un ottimo modo verso il guadagno:

Ottieni i primi 1000 followers:

Per la piattaforma Tik Tok per generare reddito è necessario avere 1000 seguaci, questo è il requisito per fare registrazioni dal vivo, quindi è necessario caricare contenuti costantemente per diventare un personaggio riconosciuto, è meglio raggiungere e superare quella cifra.

Non perdere di vista le esibizioni dal vivo

È necessario che ogni profilo possa contare su video live, che sia una volta o più volte alla settimana questa è una misura importante, la frequenza dipende da voi e dai vostri obiettivi, più è meglio è per costruire un'immagine, ma trasmettere contenuti di alto valore per rispondere ai follower con il meglio.

Spostare i seguaci di Tik Tok su altri social network

Una volta che hai un grande o almeno considerevole seguito, è meglio diversificare e guadagnare trazione su altri social network, questo è utile per Instagram o qualsiasi tipo di canale YouTube, quindi diventa un punto cruciale per monetizzare facilmente e anche optare per modelli più economici.

Ricevi regali con grande carisma

Mentre stai facendo le tue trasmissioni è importante contagiare gli utenti con argomenti di tendenza e grandi contenuti, così saranno felici di darti dei regali gratuiti tra cui adesivi che possono essere utilizzati sul video, all'interno dei regali ci sono opzioni per ottenere denaro reale come donazione.

Elogio degli utenti

La motivazione di avere donazioni è essenziale per presentare un'emozione migliore, in modo che tutti coloro che ti seguono possano fare donazioni come una sorta di regalo, e una volta che sono prodotte è positivo rispondere con gratitudine attraverso le chat dal vivo per evidenziare la lode.

Come guardare video in diretta streaming con Tik Tok?

Al di là della funzione di streaming in diretta, c'è un'altra questione relativa alla visualizzazione di questo tipo di contenuto.

Se hai qualche difficoltà con questo tipo di contenuto, devi solo seguire i passi seguenti:

Accedi all'applicazione Tik Tok dal tuo dispositivo.

Clicca sul pulsante "Notifica" che si trova accanto all'icona "+".

Una volta che sei nella "pagina delle notifiche", puoi trovare l'opzione "Better Lives" nella parte superiore dello schermo.

Tocca il pulsante "Watch" accanto a "Best Lives" per iniziare a riprodurre il live stream che è stato fatto tramite Tik Tok e che appare in modo casuale.

La funzione "Best Lives" permette di sfogliare ogni contenuto, e poi sulle notifiche è possibile accedere alla "main live video gallery", che è una grande opportunità per guardare i live stream.

D'altra parte, quando si cerca un particolare utente si ha accesso ai flussi in diretta, la disponibilità di questo contenuto è presentato con un cerchio rosso sulla loro immagine del profilo, in modo da poter entrare in contatto con tali contenuti in diretta senza problemi.

Scopri come fare pubblicità su Tik Tok

Gli annunci hanno iniziato a far parte di Tik Tok dal 2019, la prima volta questa funzione è stata fatta da Chris Harihar, essendo uno dei partner di Crenshaw Communications, erano annunci lunghi 5 secondi, ma sulla piattaforma ci sono altri tipi di formati pubblicitari come i seguenti:

Acquisizione del marchio

Gli annunci che vengono effettuati attraverso l'acquisizione riguardano l'uso di immagini fisse, video e anche GIF, questi possono essere collegati direttamente sul sito web, funziona anche alla grande sulle sfide all'interno di Tik Tok stesso, quando si vuole misurare la portata di questa strategia queste metriche aiutano:

Impressioni.

Portata singola.

Clics.

Video nativo

I video nativi sono utilizzati come annunci di impatto importante e sono misurati sotto le seguenti azioni:

Engagement: Ricevendo like, condivisioni e commenti.

Impressioni.

Tempo medio di gioco.

Clics.

Tempo di visualizzazione del video: Sono necessari più di 3 secondi di riproduzione, 10 secondi e anche il completamento.

CTR.

Visualizzazioni video totali.

D'altra parte, le campagne video possono essere progettate per avere lo stesso impatto dei video individuali, la differenza è la durata, poiché i video Tik Tok durano fino a 15 secondi, mentre i video nativi durano tra i 9 e i 15 secondi e sono annunci a schermo intero.

Come con Instagram e i suoi annunci di storie, che possono essere saltati, un annuncio di questo tipo può coprire molti obiettivi dietro una singola opzione, in quanto può portare direttamente ai download di app e ai clic al tuo sito web.

Lenti di marca

Il funzionamento delle lenti AR sono copiate da Snapchat e Facebook, lo stesso vale per Tik Tok, anche se il suo aspetto è temporaneo, soddisfa un tempo specifico e una funzione particolare che non è ancora stata offerta nella sua massima espressione, per continuare a completare la varietà di funzioni di Tik Tok.

Contenuto vincente per Tik Tok

La popolarità di un argomento all'interno di Tik Tok può essere ricercata in anticipo per seguire le tendenze esistenti, partendo dalle categorie più importanti come l'orientamento educativo, il divertimento, la relazione o l'amicizia, gli argomenti sulla salute, il cibo e soprattutto la danza, fino ad arrivare ai contenuti motivazionali.

Come se non bastasse, si aggiungono due aree molto importanti all'interno dei social media, come la bellezza e l'artigianato, trovare il percorso ideale per i tuoi obiettivi è un passo importante, meglio e più velocemente puoi identificarli, più otterrai che un contenuto possa avere una portata importante.

Trovare e anche creare argomenti per produrre contenuti Tik Tok è un compito che funziona per postulare una scena attiva, questo funziona in modo che una nicchia possa avere uno sviluppo che è rilevante oggi, in più si possono anticipare idee originali su quella zona per essere in cima.

La cosa migliore nel creare il proprio contenuto, è che si arriva a raccogliere tutta l'attenzione, a questo si aggiunge che si guadagna una grande personalizzazione su un account, dal momento che è un'applicazione dove l'originalità è un requisito chiave, in modo da poter aumentare una presenza di un altro livello, essendo molto utile per il vostro marchio, e per creare campagne.

Il consiglio per avere un grande impatto è quello di allinearsi direttamente con il piano, in modo da non perdere l'opportunità di essere parte della tendenza, e non si può cercare troppo di creare una creazione geniale, ma piuttosto affidarsi al lato sicuro, più semplice e luminoso è il video, meglio si distinguerà l'applicazione.

Come puoi guadagnare follower su Tik Tok?

La popolarità all'interno di un social network è tutto, ecco perché in Tik Tok hai bisogno di una spinta in più per guadagnare presenza, in linea di principio una delle strategie principali per questo è l'uso di hashtags in modo appropriato in base al contenuto, questo è parte di una pianificazione per definire il pubblico di destinazione e raggiungerlo.

Per elevarsi all'interno di questa piattaforma è vitale mostrare contenuti al pubblico interessato a questo argomento, a questo si aggiunge l'obbligo di essere costante per nutrire ogni utente con una grande proposta che possa adattarsi ai suoi gusti, si basa sul raggiungimento di guadagnare quel tipo di apprezzamento all'interno del mondo digitale.

La portata organica si presenta quando si riesce a presentare certi video virali, per ottenere questo tipo di misura è sufficiente attuare le seguenti linee guida, al di là di qualsiasi trucco questo contribuisce al vostro contenuto:

Constancia

È importante che al momento della pubblicazione si possa mantenere un'alta frequenza di almeno 3 o 5 video, ma dove la qualità è la priorità, perché questa prevale sulla quantità, all'inizio si consigliano 2 o 3 video, da questo punto di partenza ci sono molte possibilità di successo.

Nicchia

L'obiettivo principale nel mezzo della traiettoria di Tik Tok è quello di formare una nicchia ideale, poiché questo è l'ambiente in cui pubblicare contenuti di grande valore, dove il lato divertente non può essere perso per nessun motivo, ma dove il settore può essere rafforzato, tutto di pari passo con la materia a cui ci si dedica.

Contenuto prezioso

È molto più speciale avere una sezione per i propri contenuti, questo è il mezzo giusto per stabilire il proprio stile che ti farà crescere per quello che offri, dove l'essenza da mantenere soprattutto è un'azione totalmente accattivante che si stabilisce come un magnete per un pubblico più grande.

Creare un account attivo

È importante all'interno della crescita dell'account essere in grado di rispondere ad ogni commento in modo che l'interazione rimanga ben mantenuta sopra ogni altra cosa, questo tipo di attenzione è molto apprezzato e aiuta il resto delle persone a connettersi con il tuo contenuto.

Audio e creatività propri

Affinché tu possa offrire contenuti di prima qualità, devi integrare azioni ingegnose come l'audio che proviene dalle tue idee, questo tipo di personalizzazione porta grande divertimento al pubblico perché alla fine è un social network ideale per gli altri per divertirsi.

Chiavi del successo in Tik Tok

Registrandosi con Tik Tok è possibile entrare nella sezione annunci e sfruttare al meglio questo strumento, oltre all'ispezione esperta di contenuti di valore per raggiungere l'impatto a tutto il pubblico in modo positivo, l'obiettivo di coprire questo social network richiede sufficiente dedizione per puntare su tutto alto.

Gli annunci possono essere integrati dal feed stesso, che è un'azione comune sia in Facebook che in Instagram, quindi è possibile integrare un annuncio in modo da sviluppare una strategia e un'attrazione commerciale, oltre a una grande impressione dalla creazione dell'account con l'uso di applicazioni e bot.

Creare contenuti di qualità è un passo avanti per raggiungere un pubblico personalizzato, soprattutto quando gli annunci non richiedono un grande investimento, infatti lo spazio può essere offerto e i moduli pay-per-click sono ciò di cui ogni utente ha bisogno per scalare in grandi dimensioni.

Quando si utilizza Tik Tok è importante estendere le sue funzioni al massimo, quindi la chiave migliore è imparare a registrare nel modo migliore, utilizzando trucchi e altre abilità è possibile registrare video di prima classe con attenzione per soddisfare le dinamiche principali di questo social network, le più importanti sono le seguenti:

Zoom durante la registrazione

Utilizzare a proprio vantaggio il pulsante di zoom è un vantaggio di questa applicazione, basta spostare il pulsante di registrazione verso il centro dello schermo, emettendo così l'azione della fotocamera per applicare lo zoom sull'immagine per fornire quell'effetto che si aspira a realizzare.

Passa dalla fotocamera posteriore a quella anteriore e viceversa

Hai solo bisogno di toccare due volte lo schermo per cambiare telecamera con facilità, la cosa importante è che ogni video può essere ben curato con un alto livello di qualità, fino a quando puoi testare pienamente la velocità e le prestazioni della tua fotocamera otterrai grandi filmati e divertimento.

Trasforma un video di Tik Tok in una Gif

Se vuoi condividere un video di Tik Tok sotto forma di Gif per ottenere una più ampia diffusione, hai solo bisogno di andare sopra il video per raggiungere toccare l'opzione per condividere, poi nell'ultima opzione dell'applicazione devi selezionare l'alternativa per condividere come Gif, puoi anche scegliere il filmato e viene salvato nella galleria.

Come rendere un video virale su Tik Tok?

Per fare in modo che un video faccia il miglior buzz e impressione possibile su Tik Tok in modo che molte persone parlino del vostro contenuto, è necessario considerare i seguenti punti:

Hai bisogno che gli utenti vedano il tuo video attraverso la sezione "per te" per poterti seguire.

Il contenuto deve essere riprodotto più volte.

Condividi il video per ottenere commenti e like.

La lunghezza ideale per un video per diventare virale è un breve video di almeno 15 secondi, che provoca sensazioni migliori di uno di 60 secondi.

Una volta che puoi rispettare questi punti sarai in grado di rendere il tuo account e il tuo contenuto virale, all'inizio sembra complicato ma è un percorso facile con dedizione in modo da poterlo rendere virale, è importante che possa causare un impatto positivo in modo che sia mostrato a più persone.

Tik Tok analizza l'impatto del tuo account quando generi o fornisci contenuti virali, quindi se hai un account PRO è più facile trovare le metriche che devi incrementare, la più importante è quella dei commenti, visualizzazioni e condivisioni, quando vinci in uno di questi tre elementi puoi essere considerato virale.

Come usare gli hashtag in Tik Tok?

Gli hashtag che appartengono a Tik Tok funzionano come negli altri social network, questi sono interessanti per rappresentare il tema del tuo contenuto, il loro uso soddisfa la funzione di raggiungere una maggiore portata, questo mezzo per essere più sensibile al pubblico è ideale, per essere virale prima di tutto.

È importante che all'interno della selezione di queste parole si possa trovare una relazione concreta perché è il modo per raggiungere il pubblico, in modo che tutto sia in ordine, le seguenti azioni devono essere coperte:

L'uso degli hashtag in Tik Tok è un grande aiuto per dare una categoria chiara al contenuto, l'importante è che i video siano alla portata del pubblico che si sta cercando di raggiungere.

Cercate di aggiungere gli hashtag ai video prima di tutto dicendo quelle stesse parole per una connessione completa, diventando così di nicchia.

Guadagnate potere creando i vostri hashtag in modo che l'utente possa essere contagiato e partecipare usandoli.

Usa hashtag attivi per avere l'effetto di una maggiore portata.

Tieni conto della canzone che usi perché sono legate a certi hashtag.

Gli hashtag temporanei sono guidati da un evento o da una sfida, quindi puoi creare i tuoi per approfittare di quel tipo di buzz per la tua campagna.

È necessario ricercare gli hashtag in anticipo per utilizzare quelli che sono di tendenza, ed è necessario rintracciare i vostri concorrenti e osservare cosa stanno facendo.

È importante mantenere un equilibrio con l'uso degli hashtag, perché quando se ne abusa il contenuto perde valore, tutto deve essere applicato con buon senso, finché ha a che fare con il contenuto non ci saranno problemi, ci sono molti strumenti per trovare quelli più attuali per la tua categoria e per posizionarti insieme alla tendenza.

Come usare TikCode per aumentare i follower?

Le opzioni e le ampiezze di Tik Tok continuano a crescere per presentare un grande scenario per ottenere un alto livello di popolarità, ecco perché questa applicazione offre la funzione di utilizzare TikCode in questo modo è possibile condividere un utente in un modo migliore, ecco perché è importante sapere come implementare questa alternativa.

Per farti seguire da altre persone, l'opzione TikCode è una grande azione da esaurire per raggiungere il livello previsto, questo rende più facile non dover dare o emettere un utente per essere conosciuto, devi solo condividere il codice assegnato al tuo account per essere scansionato e raggiungere così più persone al tuo account.

Il TikCode è un codice che viene rilasciato in modo personalizzato, attraverso questo modo è possibile condividere questo tipo di presentazione in modo che altre persone possano seguirti, è un ottimo modo per farsi conoscere, l'azione di scrivere o inserire un testo è una cosa del passato, per questo motivo devi solo puntare il dispositivo verso il codice. TikCode funziona in modo simile al codice QR, quindi quando viene fatta una scansione, il profilo appare immediatamente in modo che tu possa essere seguito su Tik Tok, questo tipo di modo è molto più efficiente e gli altri non possono perdere tempo ma seguirti direttamente.

I vantaggi di usare TikCode

L'uso di TikCode genera importanti vantaggi affinché l'applicazione possa essere utilizzata al suo pieno potenziale, i più importanti dei quali sono i seguenti:

Non c'è alcun rischio nel condividere il TikCode che si sbagli o che ci sia confusione nel seguirti.

Non hai bisogno di dettare o digitare il tuo nome utente.

Puoi scaricare questo codice per stamparlo e usarlo come lettera di presentazione in qualsiasi circostanza.

Con l'immagine del codice si può condividere sui social network.

Questo tipo di codice è una presentazione veloce e richiede solo pochi minuti.

Su Instagram puoi anche creare un codice QR nel modo in cui vuoi personalizzare la tua identità sui social media, per farlo con il TikCode devi solo usarlo come immagine del tuo

profilo, questo viene impostato automaticamente, la presenza su ogni social network è molto importante.

Per utilizzare questo codice è necessario creare un collega-
mento attraverso l'account Tik Tok, per entrare nella sezione
"Me", questo nasce dal profilo dell'applicazione, poi nelle impostazioni dello stesso, in basso a destra è necessario toccare quei tre puntini per aprire le impostazioni e la sezione
privacy per indirizzare a TikCode.

Quando fai queste impostazioni puoi vedere il tuo TikCode
che si trova accanto alla tua foto del profilo, poi in basso hai
le opzioni per salvare il codice QR o scansionarlo, una volta
che riesci a salvare il codice puoi scaricare il TikCode come
immagine nella tua galleria.

Come funziona l'algoritmo di Tik Tok?

Il funzionamento di Tik Tok suscita grande curiosità e attenzione su molti utenti, soprattutto se si sta cercando di con-
quistare la popolarità all'interno di questo mezzo, quindi è necessario applicare alcuni trucchi per conoscere meglio gli
utenti che compongono questa piattaforma.

L'algoritmo di Tik Tok è molto simile a quello di altri social
network, anche se ha alcune caratteristiche innovative, poiché la maggior parte delle piattaforme tiene conto dei like di

ogni profilo in base alle interazioni e al tipo di account che seguono, ma nel caso di Tik Tok è diverso.

Il metodo di Tik Tok è basato sull'esperienza dell'utente, quindi si sono concentrati sul perfezionamento della ricerca, dove l'interesse principale è quello di conoscere da vicino ogni utente in che continua a coincidere con le altre reti sociali, ma la sua revisione include motori di ricerca per trovare le preferenze dietro il contenuto e le interazioni.

Dal momento che ogni utente fa un commento o segue un utente, si genera un input per il sistema per essere in grado di rilevare ciò che ti piace, questo fa parte della conoscenza di questo social network per sfruttare al meglio le sue funzioni come strumento, l'incursione sul suo algoritmo è importante.

La differenza con le dinamiche di altre reti sociali si basa sulla considerazione di altri tipi di fattori, questo perché analizzano altri tipi di dati, cercando di approfondire i gusti di ogni utente, è molto più che conoscere un profilo, l'intenzione è quella di omettere le informazioni che non motivano alcuna reazione sul feed.

Le principali novità che emergono sul funzionamento dell'algoritmo Tik Tok sono le seguenti considerazioni:

L'interazione che ogni utente ha con i video che gli sono piaciuti e condivisi: il sistema traccia queste azioni e anche se l'utente raggiunge la fine del video o cerca solo il prossimo, per generare una classifica sul contenuto che è ideale per il tuo interesse.

I commenti fatti da un utente: Tik Tok conosce meglio ogni interazione con ogni tipo di utente per avere il vantaggio di trovare rapidamente il contenuto che si vuole vedere, agisce come una sorta di personalizzazione.

Nel caso di contenuti generati dagli utenti: il social network è responsabile della classificazione di ciascuno degli interessi in base al contenuto, allo stile e anche al design, tutto ciò che viene pubblicato nel feed è considerato come una sorta di identità dell'utente.

Informazioni video: La piattaforma esegue uno studio profondo su tutti i dettagli del video, all'interno del quale vengono considerati i sottotitoli, gli hashtag e anche i suoni, tutti questi elementi possono farvi risaltare all'interno di questo social network, è necessario dedicargli attenzione.

Impostazioni del dispositivo e dell'account: I dati linguistici dell'account e del paese in cui ti trovi, insieme al dispositivo che stai usando, sono considerati dall'algoritmo di Tik Tok, anche se non è così decisivo come altri fattori.

La piattaforma Tik Tok emette anche alcuni studi da considerare, perché riesce a rilevare modelli ripetitivi, questo è perché la cosa principale che il social network cerca è quello di
mantenere la noia lontano sugli utenti, quindi questo è un
grande vantaggio che viene installato per intervallare il contenuto in modo migliore per capire ciò che l'utente ama.

Il movimento principale di questo social network fa sì che non
vedrete contenuti ripetuti, tanto meno video senza suono, e
se ciò non bastasse, all'interno del feed esclude tutti i tipi di
contenuti che avete già visto, o qualsiasi altro che è classifi-
cato come SPAM, è un'empatia per dare priorità al divertimento.

Il focus di questo social network è basato sul mantenere ogni
utente attaccato alla piattaforma, fornisce anche una prospet-
tiva per avere contatti con più esperienze, la proporzione di
nuove idee e diversi tipi di creatori è il tema principale.

Padroneggiare l'algoritmo di Tik Tok

La formula magica per ottenere un migliore posizionamento
sull'algoritmo di Tik Tok è la seguente stima:

Ottiene sempre più like.

Genera più commenti.

Pubblica prima di altri contenuti simili.

Avere più seguaci.

Inserire suoni che siano autentici o originali.

La comprensione di questa misura controlla il funzionamento di questo social network per raggiungere il successo previsto, anche se altri fattori aggiuntivi come la storia dell'utente, le azioni del dispositivo e anche la posizione possono intervenire, è una misura personalizzata, ma sulla piattaforma la cosa più importante è ottenere i like.

Di fronte a una tendenza, ci può essere un pareggio su un video, e il modo per evidenziare uno dall'altro è attraverso i commenti, il resto è considerare il numero di seguaci, oltre al filtro di una lingua, il fattore da considerare è la misura del numero di video tra i contenuti che si possono creare.

Finché il suono è originale, sarà sempre posizionato al primo posto, per questo è un ambiente dedicato interamente alla creatività, perché più si può innovare, migliori risultati si finiscono per produrre, questa è un'opportunità anche se queste regole possono essere infrante con video con l'etichetta ufficiale.

Trucchi ideali per i tuoi video Tik Tok

Al di là del funzionamento di base di Tik Tok, è prezioso che tu conosca i trucchi che aprono tutte le alternative per coprire tutto ciò che offre il social network, dove spiccano i seguenti punti:

Come registrare duetti in Tik Tok

Una modalità attraente all'interno delle reti sociali è un duo, qualsiasi utente che può offrire questo tipo di interazione fornisce un impatto migliore, soprattutto quando è fatto attraverso una collaborazione con un influencer, tutto consiste nel ricreare un video che ha dialoghi, in modo che l'altra persona possa assumere l'altro ruolo.

Questo tipo di azione o contenuto può effettivamente diventare virale, anche se è necessario avere accesso ai video che hanno la possibilità di attivare i duetti, presentando così un'impressione molto più divertente, e i seguaci di entrambi gli account possono trovare questo tipo di contenuto per crescere insieme.

Come si svolgono le reazioni in Tik Tok

All'interno dell'importante varietà di funzioni di Tik Tok ci sono le reazioni, questo è un modo di interagire che collega molti utenti, questo viene effettuato per mezzo di un semplice click per raggiungere premere l'opzione per condividere che si trova proprio nella sezione in cui sorge l'opzione "reagire" per registrare il commento.

Come si usano le transizioni

Uno degli elementi di tendenza all'interno di Tik Tok sono le transizioni, uno degli effetti che ha causato allucinazioni su chiunque è il famoso "cambio di vestiti", tutto grazie al fatto che questo social network permette in un secondo di ottenere questo tipo di effetto in modo semplice, tutto questo si sviluppa per mezzo del timer.

Per registrare sulla stessa clip quello che dovete fare è mantenere il dispositivo nella stessa posizione, e poi iniziare a registrare il video successivo quando vi cambiate d'abito, mantenendo la stessa posizione di prima, in questo modo potete giocare ed esplorare con le transizioni, questo e molto altro può essere fatto da Tik Tok.

Tutta la varietà di effetti è di prima classe in modo che ogni marchio o obiettivo personale ottenga una visione molto più creativa, è un modo dinamico per presentarsi al mondo con stile, è un'azione diversa per mostrare contenuti esclusivi e per guadagnare il gradimento del pubblico.

Come caricare il proprio audio su Tik Tok

Quando si pubblicano contenuti su Tik Tok si ha la possibilità di inserire il proprio audio senza alcun problema, questo tipo di originalità è molto ben accolto dall'applicazione, aiuta a sa-

lire ad un miglior tasso di traffico, quindi è un'azione importante per avere il tipo di visibilità di cui hai bisogno, devi solo
eseguire questi passaggi:

Registra un video su Tik Tok usando la tua voce.

Pubblica il video in privato.

Puoi ri-registrare il video, ma devi andare al video privato che
ha la tua voce, e puoi iniziare a usarlo liberamente.

Dovresti dare un nome alla voce perché in questo modo puoi
posizionarla in Google per una maggiore interazione.

Imparare a eseguire il doppiaggio

Il modo in cui Tik Tok lavora con il doppiaggio è interessante
per creare tutti i tipi di scene, dove il primo passo chiave è
imparare molto bene ciò che si intende simulare in modo che
poi si possa vocalizzarlo liberamente, finché si ha in mente il
dialogo, non si avranno problemi.

È meglio usare una velocità lenta per il suono, in modo che
quando viene pubblicato si ottiene una visione a velocità nor-
male e si sarà nello stesso ritmo dell'audio originale, in
questo modo non si può perdere nulla, è semplice ma molto
efficace questo tipo di alternativa, quindi non si rinuncia a
questa interazione.

Come integrare il testo nei tuoi video in mo-
vimento

La cosa migliore di Tik Tok è che all'interno delle sue funzioni o opzioni è possibile aggiungere testi con facilità, questi possono scomparire e apparire senza problemi, questa personalizzazione si adatta al ritmo della musica liberamente, una volta registrato, seleziona l'icona "A" per organizzarlo sul video, e quando passi il mouse sui dialoghi puoi scegliere la durata.

Come aggiungere la voce fuori campo ai tuoi video

Uno degli effetti cool che Tik Tok offre è la possibilità di registrare liberamente la vostra voce fuori campo, questa integrazione fa sì che un video ottenga un grande risultato, è compatibile per tutorial, spiegazioni e qualsiasi tipo di scena grafica che ha bisogno di un accompagnamento sonoro.

Come regolare e modificare un video in Tik Tok

Quando si utilizza Tik Tok è importante che ci si possa dimenticare delle applicazioni esterne, poiché tutto è integrato nelle sue opzioni, tra le quali l'editing di clip, con un'importante varietà di filtri, fa parte dell'offerta di questo social network.

Lista di controllo prima di caricare un video

I passi precedenti per fare un video proprio come volete che sia e con un'alta visibilità sono molto importanti, tra i quali spiccano le seguenti misure:

Integrare la musica prima di registrare il video, la durata prevista è di 15 secondi, altrimenti sarà tagliata.

È importante che i testi inseriti nel video possano occupare una zona centrale o laterale che non possa oscurare il contenuto, l'importante è che si legga bene.

Controllate la copia che fa parte del video, dopo che è stata pubblicata non può essere modificata e crea più problemi.

Utilizzate da 3 a 6 hashtag in modo che il video possa ottenere la portata e la visibilità previste.

È importante integrare la copertina con il video per attirare l'attenzione sul feed.

Usate frasi come chiamate all'azione per ottenere commenti e interazioni.

Limitazioni presenti in Tik Tok

Prima di far parte di Tik Tok è essenziale conoscere a fondo i passi o le azioni che non si possono compiere per non finire nei guai; prima di tutto, si possono seguire solo 200 account al giorno, non si possono aggiungere due suoni sullo stesso video, in alcuni casi gli effetti variano per ogni tipo di account e si possono aggiungere solo 500 like al giorno.

Utilizza la musica sponsorizzata da Tik Tok

Quando si cerca un account con una portata più ampia, è importante trovare audios sponsorizzati da Tik Tok, questi audios hanno un'icona blu che significa che sono sponsorizzati, questo è il modo migliore per ottenere visibilità.

Le migliori applicazioni per ottenere seguaci su Tik Tok

La comparsa di applicazioni per guadagnare follower su Tik Tok ha molto a che fare con tutto il clamore che questa rete sociale ha generato, ma è importante sapere quali sono le più efficaci o quelle false, in modo da non perdere tempo e poter crescere come si aspira all'interno di questa rete sociale.

Al giorno d'oggi c'è tutta un'infinità di applicazioni per crescere esponenzialmente in Tik Tok, i metodi si sono diversificati ogni giorno, l'importante è prendere come requisito principale quello di ottenere seguaci reali, e senza dover pagare, queste sono due stime da considerare.

È importante prendere in considerazione che molte applicazioni forniscono seguaci temporanei, quindi è un aiuto primario che deve essere rafforzato con attenzione e costanza per non essere trascurato, in modo da avere un profilo e una presenza che vi condurrà sulla strada giusta all'interno di questa rete sociale.

All'interno del Play Store ci sono migliaia di opzioni di applicazioni per Android, quindi per risparmiarvi brutte esperienze su questo social network potete scegliere tra le seguenti alternative quella che meglio soddisfa le vostre esigenze:

Nuovo BoostLike

Questa applicazione funziona in inglese ma questo non sarà un problema perché le sue opzioni sono facili da usare, questo perché l'interfaccia è intuitiva e risponde alle vostre esigenze, grazie alle sue funzioni è possibile aumentare il numero di seguaci e anche i like dei video che fate.

Più di 50.000 utenti hanno scaricato e utilizzato questa applicazione, e non occupa molto spazio sul tuo dispositivo dato che pesa 4 MB, per questo motivo ci sono diverse facilitazioni per l'installazione dell'applicazione, e può essere associata a diversi account Tik Tok allo stesso tempo per lanciare le sue funzioni.

Fan di Tik Booster

Il funzionamento di Tik Booster fans è ideale per aumentare il numero di seguaci in Tik Tok, si tratta di un'applicazione totalmente gratuita che aiuta a guadagnare like e anche ad avere fan reali in modo da poter creare un profilo ideale all'interno di questo social network, inoltre c'è la funzione di ottenere commenti sui video.

La dinamica di questa applicazione si basa su un follow x follow, quindi è necessario seguire gli utenti che sono dietro una lista fornita dall'applicazione, e questo restituirà istantaneamente il follow, è uno scambio per avere un pubblico reale per avere un profilo molto più attraente.

Realfollowers.ly

Al terzo posto c'è Realfollowers.ly, un'opzione molto popolare all'interno della comunità di utenti di Tik Tok, questo perché il suo funzionamento è diverso, in quanto si occupa di eseguire e operare attraverso un'analisi dell'account e di quello di ciascuno dei tuoi seguaci per emettere raccomandazioni di hashtag.

Quando fai un post, puoi usare questi tag per ottenere più visibilità tra gli utenti e diventare un influencer, la cosa migliore è che non hai bisogno di una registrazione precedente, non hai nemmeno bisogno di fornire più informazioni sul tuo account, è sicuro e ti dà strategie per diventare virale su questo social network.

TikBooster

TikBooster è una delle applicazioni più amate per ottenere seguaci, infatti guida la classifica di questo tipo di applicazioni in molti siti web, le sue funzioni sono molto semplici da usare, e ha anche un gioco di carte integrato, attraverso il quale si assegna il numero di fan che si vince e vengono aggiunti al tuo account in sole 24 ore.

Per iniziare con questa applicazione devi solo inserire il tuo nome utente in modo che l'applicazione possa assegnare al tuo account i nuovi seguaci che hai guadagnato, per questo motivo non corri alcun tipo di rischio, puoi utilizzare questa applicazione in totale sicurezza ed è divertente per il suo funzionamento veloce.

TikFame

Tra queste applicazioni Android, TikFame sorge per sostenerti per essere famoso all'interno di questa rete sociale, ti permette di guadagnare fino a più di mille seguaci reali ogni giorno, le sue funzioni sono totalmente gratuite, oltre all'estensione delle raccomandazioni in modo da ottenere un livello più alto di popolarità su questa rete sociale.

Utilizzando questa applicazione puoi trovare gli hashtag che meglio si adattano al tema del tuo contenuto, questo ti permette di creare migliori reazioni ai tuoi video e continuare a salire in questo social network, un altro tipo di trucco che ha è la possibilità di falsificare le tue statistiche per avere un profilo più forte.

TikLiker

TikLiker è una delle applicazioni giuste per crescere in Tik Tok, se stai cercando di guadagnare molti "Mi piace" questo è il mezzo di cui hai bisogno, genera anche commenti sui contenuti che pubblichi su Tik Tok, nel caso di guadagnare follower questa opzione si attiva attraverso un sistema di gioco che assegna le tue opportunità.

L'uso di questa applicazione è completamente gratuito, nel mezzo del gioco si guadagnano monete che permettono di effettuare più funzioni come l'analisi del tuo profilo, oltre a seguire da vicino il tuo profilo per emettere hashtag per migliorare la portata su questo social network.

Strumenti Vip

Una grande applicazione per avere un gran numero di seguaci è Vip Tools, ha importanti funzioni e strumenti dopo un semplice download, la sua missione è quella di darvi più visualizzazioni, insieme ai seguaci o like, a questo si aggiunge la possibilità di ottenere informazioni su altri utenti.

L'implementazione di questa applicazione si realizza semplicemente inserendo il nome del vostro utente, per offrire una grande porzione di informazioni, poi potete contare sull'azione di seguire ognuno di questi utenti in un colpo solo o essere anche un po' più selettivi, le opzioni sono a vostra disposizione.

È sicuro usare applicazioni per guadagnare follower su Tik Tok?

La maggior parte delle applicazioni hanno un valido livello di sicurezza per usarle e guadagnare seguaci su Tik Tok, tuttavia la principale precauzione che dovresti prendere è quella di non rivelare la tua password per nessun motivo, inoltre quando appare un annuncio o un'opzione di pagamento è importante controllare che sia ufficiale, la maggior parte di essi sono gratuiti.

Come ottenere più like su Tik Tok?

Per avere l'ammirazione e l'attenzione di più utenti su Tik Tok, è necessario concentrarsi prima di tutto sulla creazione di contenuti di alta qualità, in questo modo è possibile ottenere un fascino migliore sui vostri seguaci, in modo da poter iniziare a dare ad ogni utente ciò che vuole, più contenuti più like sui post.

Soluzioni hack per guadagnare follower

Per ottenere un livello più alto di presenza su Tik Tok è possibile utilizzare alcuni strumenti di terze parti che ti aiuteranno a raggiungere il livello che ti aspetti, questi sono quelli che dovresti conoscere e utilizzare:

Signore dei media

Media Miser è un alleato per generare una grande presenza sui social media, ogni account può essere potenziato con queste funzioni, i suoi servizi sono diretti agli utenti di Facebook, Instagram, YouTube e naturalmente Tik Tok, il suo scopo è quello di ottenere like, followers e anche analisi sull'account.

È possibile trovare servizi promozionali attraverso questo strumento, essendo un grande contributo per condividere l'account di Tik Tok su altri social network e guadagnare traffico all'interno del tuo contenuto, dovresti conoscere questa alternativa per migliorare la tua presenza all'interno di questo social network e combinarlo con i tuoi contenuti di valore.

TikTokFans

Questa è un'opzione per migliorare il numero di seguaci e avere anche quel tipo di monitoraggio, le sue funzioni sono gratuite e fornisce statistiche in modo che si possa notare il numero di seguaci dal vivo, dove si può anche confrontare il margine di ciò che si è guadagnato e l'attività che genera.

Grabsocialer

Grabsocialer è un sito web che ti supporta nell'ottenere un maggior numero di seguaci, ma è anche un servizio di hosting dedicato al social media marketing, questa piattaforma gratuita fornisce una vasta assistenza per assicurarsi di non trascurare il dovere di catturare buoni contenuti.

Trollishly

È uno strumento dedicato al miglioramento dei follower all'interno di Tik Tok, ha una grande scelta di pacchetti in modo da poter scegliere quello che meglio si adatta alle vostre esigenze, in meno di un'ora si può iniziare a godere delle migliori caratteristiche per crescere esponenzialmente su questo social network.

Il coltivatore sociale

The Social Grower è un sito che mira ad aiutarti ad ottenere più rilevanza sul tuo account, quel livello di popolarità che stai cercando è su questo sito che ha importanti servizi di consulenza per trovare anche soluzioni su web design e marketing.

SocialPromoter

L'alternativa SocialPromoter è responsabile dell'offerta di trucchi per gli utenti per aumentare il numero di like su Tik Tok in totale libertà, questa fonte di servizi online è una grande alternativa per effettuare strategie di marketing per arrivare a monetizzare i video.

Tiktok Guru

Usare Tiktok Guru è un trucco ideale che puoi impiegare per aumentare la tua scalata a più seguaci, il suo funzionamento è interamente online e non dovrai fare alcun download, quindi puoi comprare i likes o avere accesso all'abbonamento che si adatta alle tue esigenze.

SMMPortal

È uno strumento che ti aiuta a guadagnare seguaci, e ci sono vari pacchetti che puoi comprare per usarlo come una sorta di rinforzo sulle altre piattaforme sociali, l'essenziale è che tu possa curare la tua presenza in ogni modo.

Dove comprare likes, followers e views per Tik Tok

Le opzioni per acquistare quell'interazione di cui hai bisogno per crescere su Tik Tok sono molto diverse e devi avere più sicurezza per farlo, in questo modo puoi approfittare del traffico generato da un'applicazione che fa parte della tendenza globale, quindi puoi godere dell'ampiezza di questa piattaforma per il tuo marchio.

Tik Tok è un'app in cui vale la pena investire, sta scavalcando Facebook, Instagram e Twitter, ed è più semplice come servizio di condivisione video, apre una grande opportunità per essere creativi e far crescere un messaggio commerciale o la propria carriera come influencer.

I dati della BBC mostrano che questa rete sociale produce un reddito annuo di 26-32.000 dollari, quindi è un profitto che diventa una grande attrazione, quindi è una grande opzione per investire nell'acquisto di likes, views e anche followers, queste sono azioni fondamentali che ti fanno decollare nel senso migliore.

Ma l'effetto di intrattenimento diventa anche attraente, insieme alla possibilità di generare denaro, ma per questo è necessario lavorare e optare per tutti i mezzi per salire verso una grande quantità di "mi piace", visualizzazioni e seguaci, che è la formula per voi per ottenere più presenza e si può investire in esso attraverso queste opzioni:

TokSocial

L'alternativa TokSocial è un ottimo modo per trovare servizi che non spammano, con questa azione non dovrete preoccuparvi dei falsi seguaci, tutto grazie al fatto che solo gli account reali seguiranno il vostro account, per questo motivo è uno strumento a pagamento che genera garanzie.

Tik sociale

Questo strumento garantisce che si continua a crescere all'interno di questa rete sociale, è possibile scalare un altro livello con i risultati di presenza che fornisce, inoltre non dovrete preoccuparvi di eventuali domande, come si espone un supporto incondizionato, questo è accoppiato con un sistema di consegna veloce per mantenere la crescita nel mondo di questa piattaforma.

Viraholic

La capacità di Viraholic ti aiuta a ottenere un altro livello di impressione attraverso i suoi diversi pacchetti di servizi, questi possono essere TikTok Starter, TikTok Influencer o TikTok Future Star, i prezzi sono variati secondo ogni funzione offerta da questi pacchetti, così puoi scegliere comodamente.

TokUpgrade

Una grande raccomandazione per trovare likes, views e followers su Tik Tok è TokUpgrade, è una grande piattaforma di marketing, è uno dei siti con i prezzi migliori, puoi trovare risposte per i tuoi video per salire di livello e anche espandere il tuo pubblico online.

Leo Boost

Leo Boost è uno dei servizi particolari a causa dei suoi metodi di pagamento, in quanto non ha la disponibilità con PayPal, ma è ancora una grande opzione per mantenere più interazione, soprattutto quando si sta cercando di crescere come influencer, è un buon inizio per il tuo canale per essere ideale.

Musicalmente Po

Questa azienda non è molto conosciuta sul mercato, ma quando siete alla ricerca di opzioni economiche questa è la soluzione, in quanto i loro costi partono da 1,99 dollari dove i servizi sono gestiti rapidamente in modo da avere una consegna fattibile, si dovrebbe prestare attenzione a questo sito per creare un'identità in Tik Tok,

Tik Tok sfonda qualsiasi barriera

Il funzionamento dell'applicazione è altamente coinvolgente, soprattutto negli ultimi anni, dove ha un alto potenziale per essere una piattaforma ideale dove è possibile sviluppare forme di marketing che si adattano al vostro tema, e soprattutto è la presenza dei social media di cui avete bisogno. I contenuti di valore di Tik Tok possono fare di te un grande influencer, così come aiutare un marchio a scalare al livello che ti aspetti, il tutto grazie alla connessione creativa che si produce direttamente con ogni utente, soprattutto dall'accompagnamento che può essere fatto con prodotti pubblicitari.

Per raggiungere più luoghi nel mondo questo social network è una brillante alternativa, dove la cosa principale è prendere in considerazione la vostra offerta per esplorare le funzioni di questa applicazione, creando questo nesso, si può crescere e monetizzare il più presto possibile, dove l'essenziale è mantenere l'account affollato di contenuti.

Con così tanti mercati emergenti, è importante considerare questo tipo di applicazione, perché il tuo contenuto può diventare virale con pochissimo sforzo rispetto al passato, la pubblicità si è innovata ad alto livello con l'inclusione di video, in modo da non sopraffare il pubblico, ma piuttosto essere piacevole e raggiungere l'effetto previsto.

Altri titoli di Red Influencer

Segreti per gli influencer: Hack di crescita per Instagram e Youtube

Segreti pratici per guadagnare iscritti su Youtube e Instagram, costruire l'impegno e moltiplicare la portata

Stai iniziando a monetizzare su Instagram o Youtube?

In questo libro troverete Hacks per aumentare la vostra portata. Segreti per Influencer diretti e chiari come:

Automatizzare i post di Instagram

Come generare traffico su Instagram, 2020 trucchi

Algoritmo di Instagram 2020, impara tutto quello che devi sapere

Suggerimenti su Instagram per migliorare l'interazione con i nostri follower

18 modi per guadagnare follower su Instagram gratis

Impara con noi come monetizzare il tuo profilo Instagram

Siti web chiave per ottenere seguaci Instagram velocemente

Tendenze Instagram 2020

Guida 2020: Come diventare uno youtuber

Come diventare uno Youtuber Gamer

2020 Hacks per più abbonati a YouTube

Hack per classificare i tuoi video su YouTube nel 2020

Hack per Youtube, cambia il pulsante Pausa con il pulsante Abbonamento

Un libro che vi mostrerà sia gli aspetti generali che ciò che serve per guadagnarsi da vivere come influencer.

Affrontiamo apertamente argomenti come l'acquisto di follower e gli hack per migliorare l'interazione. Strategie BlackHat a portata di mano, che la maggior parte delle agenzie e degli influencer non osano riconoscere.

In Red Influencer consigliamo da più di 5 anni i MicroInfluencer come te per creare la loro strategia di contenuti, per migliorare la loro portata e l'impatto sulle reti.

Se vuoi essere un influencer, questo libro è un must. Dovrai sviluppare la conoscenza delle piattaforme, delle strategie, del pubblico e di come raggiungere la massima visibilità e monetizzare la tua attività.

Abbiamo esperienza con Influencer di tutte le età e soggetti, e anche tu puoi esserlo.

Prendi questo libro e inizia ad applicare i segreti professionali per guadagnare seguaci e diventare un influencer.

Questa è una guida pratica per gli Influencer di livello intermedio e avanzato, che non stanno vedendo i risultati attesi o che sono stagnanti.

La strategia e l'engagment sono importanti quanto il volume di abbonati, ma ci sono degli Hack per aumentarli, in questa guida ne troverete molti.

Che tu voglia essere uno Youtuber, un Instagrammer o un Tweeter, con queste strategie e consigli puoi applicarle ai tuoi social network.

Sappiamo che essere un Influencer non è facile e non vendiamo fumo come altri, tutto quello che troverete in questo libro è la sintesi di molte storie di successo che sono passate attraverso la nostra agenzia.

L'Influencer Marketing è qui per rimanere, non importa quello che dici. E ci sono sempre più ambasciatori del marchio. Persone che, come te, hanno iniziato a lavorare sul loro marchio personale e a puntare su una nicchia specifica.

Sveliamo in dettaglio tutti i segreti del settore che muove milioni di persone!

Sarai in grado di applicare i nostri consigli e suggerimenti alle tue strategie di Social Media per aumentare il CTR, migliorare la fedeltà e avere una solida strategia di contenuti a medio e lungo termine.

Se altri sono riusciti a monetizzare con perseveranza, dedizione e originalità, puoi farlo anche tu!

Nella nostra piattaforma redinfluencer.com abbiamo migliaia di utenti registrati. Un canale di contatto attraverso il quale puoi offrire i tuoi servizi in un markeplace di recensioni per le marche, e che riceverà offerte alla tua email periodicamente.